Konflikt als Chance

Andrea D. Engel

Konflikt als Chance

EINE ANREGUNG

Bibliografische Information der Deutschen Nationalbibliothek:
Die Deutsche Nationalbibliothek verzeichnet diese Publikation in der Deutschen
Nationalbibliografie; detaillierte bibliografische Daten sind im Internet
über http://dnb.d-nb.de abrufbar

Herstellung und Verlag: Books on Demand GmbH, Norderstedt

ISBN: 9783839198315

Autorin/Fotografin:

Andrea D. Engel

Geboren in Meersburg am
Bodensee 1966 - Abitur -
Ausbildung Design -
Studium Jura, Geist, Psyche
Fotografie Autodidakt -
Freiberuflich seit 1996-
Beruf Rechtsanwältin und
Mediatorin -
Kanzlei +
KONFLIKTFREIRAUM
Büro für
Konfliktmanagement &
Mediation in München

„Sobald du dir vertraust, sobald weißt du zu leben"
Goethe

Konflikte entstehen nicht aus dem Nichts. Sie kündigen
sich an wie ein Sturm. Entscheidend ist, die Zeichen mit
denen sie nahen, richtig zu deuten und für den Umgang
mit Konflikten gewappnet zu sein.

Ein angemessenes Verhalten in Konfliktsituationen ist nicht
selbstverständlich. Haben wir uns jedoch bewusst gemacht,
was mit uns, wie mit jedem anderen Menschen auch, in
Konfliktsituationen geschieht, sind wir gerüstet, den
Konflikt als eine zum Leben gehörende Situation zu
verstehen, in der wir handlungsfähig bleiben und aktiv
gestaltend tätig sein können.

Wege entstehen dadurch, dass man sie geht

Wir alle leben in Beziehungen zu Menschen.

Beziehungen sind die unsichtbaren Verbindungen zu anderen, unabhängig davon, ob wir sie bewusst und gewollt etabliert haben oder sie vorhanden sind, weil wir uns an einem zufälligen Ort gemeinsam mit anderen aufhalten, beispielsweise in einem Zug, Theater oder Geschäft.

Wird von einer Person oder Personengruppe die Beziehung zu einer anderen Person oder einer Personengruppe verstört, liegt bereits ein Konflikt vor.

Sobald sich ein Mensch durch einen anderen beeinträchtigt fühlt, besteht bereits ein Konflikt.

Nicht notwendig ist, dass die Partei, die die Beeinträchtigung ausgelöst hat, diese als eine solche wahrnimmt.

VERHALTEN IN KONFLIKTSITUATIONEN

Die drei instinktgesteuerten Möglichkeiten, sich in einer Konfliktsituation zu verhalten sind, der Situation auszuweichen, indem der Beeinträchtigte beispielsweise das Abteil des Zuges wechselt, nachdem er von einem anderen beleidigt wurde oder die Bäckerei verlässt, weil ihm von einer anderen Person vorgeworfen wurde, sich vorgedrängt zu haben. Dies ist die Flucht.

Oder aber die Person, die sich beeinträchtigt fühlt, erhebt laut Stimme, um sich zu verteidigen oder fängt an, zu rempeln. Dies ist der Angriff.

Eine weitere Möglichkeit ist, sich so zu verhalten, als ob man gar nicht anwesend wäre oder gar nichts geschehen sei. Dies ist die Lähmung.

Allen Verhaltensweisen gemeinsam ist, bewusst oder
unbewusst vorhandene Angst, die als bedrohlich
empfunden wird, weshalb die instinktiven
Überlebensmechanismen einsetzen.
Zu betonen ist, dass auch der Angriff eine Angstreaktion
und keine Demonstration von Stärke darstellt, was
fälschlicherweise oft so interpretiert wird.

Die beschriebenen Verhaltensweisen sind nicht falsch oder
schlecht, im Gegenteil, sie können sinnvoll sein, wenn eine
weitere Eskalation durch "Flucht" oder "Lähmung", aber
auch durch Demonstration von (vermeintlicher) Stärke
verhindert werden kann und vor allem, dies ist
entscheidend, wenn keine weitere Begegnung mit dieser
Person mehr zu erwarten ist.

Am Bahnhof angekommen, weiß man, dass man der Person, der man ausgewichen ist, nie wieder begegnen wird.

Ist jedoch gewiss, dass ein weiteres Zusammentreffen unumgänglich ist, weil die Person, mit der eine Auseinandersetzung stattgefunden hat, beispielsweise ein Arbeitskollege, Freund oder Familienmitglied ist, wird ein ungelöster Konflikt früher oder später immer zu einer Eskalation mit oft schwerwiegenden Folgen führen.

Befinden wir uns in einer bedrohlichen Situation, bezeichnen wir unser Gefühl gemeinhin als negativen Stress. Wir haben Angst, in der Situation keine Handlungsmöglichkeiten zu haben.

KONSTRUKTIVER UMGANG MIT KONFLIKTEN

Als Alternative zu den instinktgesteuerten Verhaltenweisen kann ein konstruktiver Umgang mit Konfliktsituationen erlernt werden.

Besteht ein Verständnis für das Geschehen in Konfliktsituationen im Allgemeinen, hilft dies, sich in einem konkreten eigenen Konflikt von einer Metaebene aus zu betrachten und mit der durch den Konflikt begründeten Angst aktiv umzugehen. Die Angst kann aufgrund einer Änderung des Blickwinkels auf den Konflikt, und damit auch auf sich selbst, in Energie transformiert werden, die Kraft für ein lösungsorientiertes Handeln geben kann. Negativer Stress wird zu positiv einsetzbarer Energie.

Wie entstehen Konflikte?

Zunächst ist zu klären, über was eigentlich gestritten wird.

Stellen Sie sich die Frage: Ist das, worüber die Parteien eines Konfliktes nach aussen wahrnehmbar streiten auch tatsächlich der Inhalt der Streitigkeit?

Dass Streit nicht ungewöhnlich ist, kann jeder Mensch bestätigen.

Sei es in der Politik oder im Wirtschaftsleben, es wird beinahe unentwegt gestritten. Diese Streitigkeiten empfinden wir allerdings zumeist nicht als bedrohlich. Es wird über Zahlenmaterial gestritten, über den Inhalt von Gesetzen oder Verordnungen, die Auslegung von Verträgen etc. Nach der politischen oder wirtschaftlichen Auseinandersetzung gehen die ehemals Streitenden gemeinsam Abendessen, alles scheint vergessen, und sie verstehen sich wie beste Freunde oder sind gar beste Freunde.

Dies ist für außen stehende Beobachter oft nicht nachvollziehbar.

Grund für die sich einer ruppigen, oft polemischen Debatte ohne Übergang anschließende Harmonie ist, dass die Streitigkeiten lediglich auf einer sachlichen Ebene ausgetragen werden, was keine Emotionen bei anderen auslöst und sie sich als Menschen und in ihrer Identität nicht angegriffen fühlen müssen.

Kommt man in einer solchen Streitigkeit zu keinem Ergebnis, wird häufig der Rechtsweg beschritten, um eine Streitentscheidung von einem staatlichen Gericht oder einem Schiedsgericht zu erlangen.

ZWEI EBENEN DES KONFLIKTS:
Sachebene und Beziehungsebene

Die Beschreitung des Rechtswegs ist eine legitime, gesellschaftlich anerkannte Möglichkeit, sich mit einer Partei, mit der in streitigen Angelegenheiten keine Einigkeit erzielt werden kann, auseinander zu setzen. Ein Urteil eines Gerichts wird jedoch die Angelegenheit nur regeln können, wenn sich die Streitigkeit auch tatsächlich auf die sogenannte Sachebene beschränkte.

Entscheidend ist nämlich, dass unter der sichtbaren bzw. konkret wahrnehmbaren Sachebene die unsichtbare Beziehungsebene, also die Ebene die die menschliche Verbindung der streitenden Personen zueinander abbildet, liegt, die sehr häufig von der Streitigkeit, auch wenn sie mit sachlichen Argumenten ausgetragen wird, betroffen ist.

IST DIE BEZIEHUNGSEBENE VON EINER STREITIGKEIT TANGIERT, KANN EINE ENTSCHEIDUNG LEDIGLICH AUF DER SACHEBENE KEINE BEFRIEDUNG DES KONFLIKTES BEWIRKEN.

Die sachlichen Argumente vermögen einen Konflikt auf der Beziehungsebene niemals beizulegen.

Ein Gerichtsurteil vermag darüber zu entscheiden, ob ein Vertrag gültig oder ungültig ist oder eine Ehe scheiden, über die verletzten Emotionen der Parteien und den Umgang mit den Verletzungen wird ein Urteil keine Aussagen treffen und Lösungen anbieten, die die Parteien befrieden.

Müssen die Parteien zukünftig weiter miteinander auskommen, weil sie beispielsweise Geschäftspartner sind oder einer Familie angehören, wird dies schwerlich möglich sein. Ein Urteil setzt sich ausschliesslich mit der Vergangenheit auseinander, eine Konfliktlösung für die Zukunft kann es nicht anbieten.

Das Symbol des Konflikts ist ein Eisberg.

Lediglich dessen Spitze und damit nur 10% ragt aus dem Wasser, diese Spitze ist die Sachebene eines Konfliktes. 90% des Eisbergs befindet sich dagegen unsichtbar unter Wasser. Diese unsichtbare Ebene ist die Beziehungsebene eines Konfliktes, was ihn, ebenso wie die Konfrontation mit einem Eisberg, gefährlich macht. Die Wahrscheinlichkeit, dass ein Konflikt lediglich auf der Sachebene ausgetragen wird und die Beziehungsebene unberührt lässt, ist demnach sehr gering.

Es muss deshalb bei dem Versuch, Konflikte zu lösen immer davon ausgegangen und untersucht werden, ob die Beziehungsebene der Streitenden nicht auch tangiert ist.

Die Möglichkeit, dies zu untersuchen besteht darin, die nonverbale Kommunikation der Parteien zu analysieren.

VERBALE UND NONVERBALE KOMMUNIKATION

Unsere Kommunikation als Menschen unterteilt sich in eine verbale Kommunikation, dies ist die Sprache mit ihren Worten und deren Bedeutung, sowie ihrer Grammatik, und die nonverbale Kommunikation, dies ist, was wir gemeinhin als Körpersprache wie Tonfall, Körperhaltung, Stimmlage, Gestik, Mimik bezeichnen, sowie unsere Verhaltensweise und unser Umgang miteinander.

Die nonverbale Kommunikation ist entscheidend dafür, wie unser Gegenüber die von uns gewählten Worte, also unsere verbale Kommunikation, verstehen wird.

Auch wenn beispielsweise lediglich Zahlenwerke übermittelt werden, ist entscheidend, mit welchem Tonfall und welcher Körperhaltung dies geschieht. Nicht nur der Inhalt einer Aussage ist zu untersuchen, sondern die Art und Weise wie diese vorgetragen wird.

Bekommt das Gegenüber aufgrund eines beispielsweise arroganten Tonfalls den Eindruck, dass ihm Zahlenwerke nur übermittelt werden, um zu demonstrieren, dass er das Problem aufgrund mangelnder intellektueller Fähigkeiten nicht durchdringen kann, ist, obwohl inhaltlich nur über Zahlen gesprochen wird, die Beziehungsebene zu untersuchen.

Der Konflikt der beiden Personen, die sich über Zahlenwerke streiten, spielt sich also nur vermeintlich auf der Sachebene ab.

Tatsächlich kann eine Auseinandersetzung auf der Beziehungsebene vorliegen, da eine Partei aufgrund des arroganten Tonfalls den Eindruck gewinnen konnte, die andere Partei werfe ihr Inkompetenz vor.

Oft verwendete Ausdrucksweisen in dieser Form der Auseinandersetzung sind, den anderen als „Laien" zu bezeichnen oder Fremdworte lediglich deshalb zu benutzen, um sich vom anderen, auch ohne das hierzu eine Notwendigkeit aufgrund der Erklärungsbedürftigkeit der Sachlage bestünde, abzugrenzen und hierarchisch über ihn zu stellen. Hier wird die verbale Kommunikation nicht als ein der Mitteilung einer Information dienendes und damit verbindendes Kommunikationsmittel eingesetzt, sondern als Mittel der Abgrenzung und Positionierung der eigenen Person im Beziehungsnetz.

In Familien wird häufig eine nonverbale Konfliktkultur der „Flucht" praktiziert, ohne, dass dies den Familienmitgliedern bewusst ist.

Sie sprechen zwar miteinander, oft auch in sehr freundlichem Tonfall, verlassen dann aber in Situationen, die unangenehm werden könnten den Raum, um sich vermeintlich wichtigeren Dingen zu widmen.

Auch wenn die Person, die den Raum verlässt vorgibt, wichtigere Dinge zu tun zu haben, gibt sie der anderen Person mit ihrem Verhalten dennoch zu verstehen, dass sie sich nicht weiter mit ihr beschäftigen möchte.

Wichtig ist zu verstehen, dass jede Verhaltensweise eine Form der nonverbalen Kommunikation darstellt, die vom Gegenüber wahrgenommen und empfangen wirrd. Sich "still" zu verhalten, ist lediglich hinsichtlich der verbalen Kommunikation möglich, wahrgenommen wird jedoch auch eine Person, die sich nicht äussert.

Stimmen Körpersprache, Verhaltensweise und der verbale Ausdruck in ihrer Haltung überein, empfinden wir diese Person als glaubwürdig.
Stimmt die nonverbale Kommunikation nicht mit den gesprochenen Worten überein, schaut beispielsweise der Chef, der ein Lob ausspricht zeitgleich auf das Display seines Smartphones, fühlt sich der Empfänger der Nachricht nicht respektiert.

Der verbale Inhalt des Lobs
verkehrt sich in sein
Gegenteil.

Um Konflikte zu vermeiden
oder die Eskalation von
Konflikten zu verhindern,
muss die Sachebene, also das
gesprochene Wort, immer
mit der Haltung der
Personen zueinander, also
der Beziehungsebene,
übereinstimmen.
Beide Ebenen müssen
kongruent sein.

Die Mitteilung freundlicher
Worte in einer feindlichen
Körperhaltung ist immer der
Beginn eines Konfliktes.
Aber auch strenge Worte mit
ängstlicher Stimme
gesprochen, bewirken beim
Gegenüber eine Verstörung,
die zu einem Konflikt
führen kann.

Für einen konstruktiven Umgang in konfliktuösen Situationen ist die Selbstkontrolle der Übereinstimmung von verbaler und nonverbaler Kommunikation von entscheidender Beeutung.

Für die Konfliktanalyse ist weiter das Verständnis dafür wichtig, dass jede Mitteilung, ob verbal oder nonverbal, einen Sender und einen Empfänger hat.

Der Sender einer Nachricht ist dafür verantwortlich, dass seine verbale und nonverbale Kommunikation kongruent sind. Nicht verantwortlich dagegen ist er für die Wahrnehumngsmuster des Empfängers seiner Nachricht.
Wir müssen also auch darüber reflektieren, wie unsere Wahrnehmungsmuster hinsichtlich empfangener Nachrichten sind. Reagieren wir auf bestimmte Körperhaltungen und Tonlagen besonders empfindlich? Kann es sein, dass wir Erfahrungen in der Vergangenheit gemacht haben, die unser Wahrnehmungsmuster prägen, jedoch auf die vorliegende Konfliktsituation nicht übertragbar sind? Auch ohne eine konkrete Konfliktlage ist es hilfreich, die Wahrnehmung des eigenen Ich mit der Wahrnehmung, die andere Menschen von der eigenen Person haben, zu vergleichen. Dies kann mit wohlmeinenden Freunden geübt werden und führt oft zu aufhellenden Ergebnissen, die so manchen Konflikt, den man bislang nicht verstanden hatte, erklären.

Ein nächster Schritt bei der Betrachtung von Konfliktgeschehen ist die Analyse des Beziehungsnetzes der Personen untereinander.

Führen die Personen ihre eigene Streitigkeit oder streiten sie in einer Angelegenheit, die eigentlich nicht ihre eigene ist?

 Auch dieses Verhalten führt zu einer Eskalation, die häufig über Generationen hinweg mit sogenannten Stellvertretern, also anderen Familienmitgliedern, die die Stellung derjenigen einnehmen, mit denen man eigentlich hätte streiten sollen und müssen, ausgetragen wird.

Vor Gericht enden diese Streitigkeiten oft als klassische Erbschaftsstreitigkeiten.

Auch hier wird immer über die Aufteilung von Vermögensmassen gestritten.

Tatsächlich wird aber eine Auseinandersetzung auf der Beziehungsebene der Familie geführt, die immer zu Lebzeiten des Erblassers mit diesem hätte geführt werden müssen und nicht erst nach dessen Ableben über dessen Vermögen.

Wichtig ist neben der Herausarbeitung der Streitebenen also auch die Untersuchung, wer Partei einer Streitigkeit ist und ob diese Personen eine Möglichkeit haben, den Konflikt zu lösen.
Handelt es sich um Stellvertreter einer Streitigkeit, ist dies zu benennen.
Für die Auffindung einer Lösung eines Konfliktes müssen immer alle involvierten Parteien beteiligt werden. Nur so kann eine dauerhafte Lösung eines Konfliktes gelingen.

Wird eine gerichtliche Auseinandersetzung angestrebt, sollte stets beachtet werden, dass immer nur zwei polarisierte Seiten eines Konfliktes beteiligt werden - Kläger und Beklagte. Weitere Parteien, die in sehr vielen Streitigkeiten ebenso eine Rolle spielen können, werden nicht gehört und können so auch nicht zu einer für alle Seiten tragfähigen Lösung beitragen.

Ein einfaches und hilfreiches Mittel, sich an das Verständnis eines Konfliktgeschehens heranzutasten ist, die Beziehungen der Beteiligten zueinander zu visualisieren, indem das Netzwerk der Beziehungen aufgezeichnet wird. Die Länge der Striche zwischen den Beteiligten untereinander muss der Distanz der Personen zueinander entsprechen. Wer spricht mit wem direkt, wer lässt sich durch wen vertreten und wer äussert sich gar nicht, ist aber dennoch in den Streit involviert?

Diese Form der Visualisierung, die auch mit einfachen Spielmännchen eines Halmaspiles nachgestellt werden kann, schafft Distanz zu dem Geschehen und ermöglicht die Sicht auf den Konflikt von Position der Megaebene aus. Die Visualisierung ist der erste Schritt hin zu einem Wechsel der eigenen Perspektive auf den Konflikt.

Wie entwickelt sich ein Konflikt?

Auch wenn jede Konfliktsituation individueller Betrachtung bedarf, lassen sich dennoch allgemeingültige Beobachtungen für den Verlauf eines Konfliktes extrahieren.

Fühlt sich eine Partei von einer anderen in ihrer Wahrnehmung beeinträchtigt, wird sie entsprechend reagieren und sich überlegen, wie sie der anderen Partei ebenfalls schaden kann.

 In einem beruflichen Setting wird sie beispielsweise Informationen zurückhalten, damit der anderen Partei Fehler unterlaufen.
Wird diese Partei herausfinden, dass und wer ihr Informationen vorenthalten hat, wird sie sich überlegen, wie sie ebenfalls Schaden zufügen kann.

 So schaukelt sich der Konflikt der Parteien auf, bis schließlich keine mehr für das Unternehmen tragbar ist.

Der Konflikt ist eskaliert.

Sämtliche Energie und Zeit der Streitenden wurde dafür verwendet, sich eine weitere Strategie zu überlegen, dem anderen einen noch größeren Schaden zufügen zu können.

Außenstehende Personen fragen sich, wieso die Streitparteien nicht bemerken konnten, wie sehr sie sich selbst schaden und, dass sie nicht voraus sehen konnten, am Ende gemeinsam in den Abgrund zu stürzen.

KONFLIKTE ENTWICKELN SICH NICHT LINEAR, SONDERN ZIRKULÄR

Dies bedeutet, dass nicht ein Geschehen zu einem bestimmten Zeitpunkt an einem bestimmten Ort für die Entstehung eines Konfliktgeschehens verantwortlich ist, sondern sämtliche Ereignisse, die diese Personen verbinden, unabhängig von deren Entstehungszeitpunkt und unabhängig dem Ort des jeweiligen Geschehens, aufeinander einwirken und einen Kreis, und während der Konfliktentwicklung eine Spirale, bilden.

Im Laufe eines Konfliktverlaufes wird jeder dem anderen vorwerfen, den Konflikt begonnen zu haben.

Jede Partei wird ein anderes Ereignis und einen anderen Zeitpunkt als Ursache für den Konflikt definieren und die weiteren Ereignisse als linear ursächlich für die Eskalation betrachten.

Jede der Parteien wird der anderen die Schuld zuweisen und dies mit Ereignissen aus der Vergangenheit begründen, die für den einzelnen und dessen Darstellung des Konfliktgeschehens durchaus auch plausibel sind.

Die Fronten werden sich verhärten, der andere wird nur noch schlecht sein, man selbst ausschließlich gut. Es beginnt eine Polarisierung, eine Schwarz-Weiß-Malerei.

Eigene Negativeigenschaften werden auf den anderen projiziert, um selbst besser auszusehen.

Die Parteien graben sich gleichsam in ihre Streitgräben ein und tun alles dafür, sich nicht mehr von ihrer Position weg bewegen zu müssen.

Sie vereinfachen Sachverhalte, um sie für sich selbst schlüssiger zu machen und an dem aufgebauten Feindbild und der Enthumanisierung des anderen unter allen Umständen festhalten zu können.

Jeder sucht sich Verbündete, die an die jeweilige eigene Streitversion glauben. Personen, die Zweifel äußern, werden gemieden oder dem feindlichen Lager zugeordnet.

Langfristiges planendes Handeln wird von kurzfristigen Aktivitäten bis hin zu Vernichtungsschlägen abgelöst.

Das gesamte Verhalten der Streitparteien wird sich aufgrund des eingeschränkten Wahrnehmungsvermögens im Laufe eines Konfliktgeschehens verändern.

Die Streitparteien werden immer weniger empathiefähig mit auch engsten Vertrauten werden, seien es Freunde oder Familie.

Sie koppeln sich von ihrer Umwelt ab und werden vollständig vom Streitgeschehen beherrscht.

Der sogenannte Tunnelblick entsteht.

Diese Tatsache ist nicht auf eine charakterliche Schwäche zurückzuführen, sondern unmittelbare Folge eines ungelösten Konfliktes, der jeden treffen kann.

Kann die Streitspirale nicht aufgelöst werden, führt die weitere Eskalation immer zu einem gemeinsamen Absturz in den Abgrund. Dies kann insbesondere in Familienstreitigkeiten dazu führen, dass sich ganze Familien zerstören. Aber auch in militärischen Auseinandersetzungen und Streitigkeiten unter Nationen und Völkern bis hin zu Genoziden kann dieser Absturz beobachtet werden.

Wichtig ist, zu verstehen, dass die Parteien eines Konfliktes, ob Einzelpersonen, Gruppen oder Nationen, von ihrer Version des Konfliktgeschehens so überzeugt sind, dass sie ihre Geschichte immer als die alleinige Wahrheit bezeichnen.

Ihnen ist nicht bewusst, dass eine andere Darstellung des Geschehens für Außenstehende auch plausibel und damit ebenso „wahr" sein könnte.

AUFLÖSUNG VON KONFLIKTEN

Nachdem die Streitparteien von ihrer jeweiligen Wahrheit des Konfliktgeschehens so überzeugt sind, dass sie durch rationale Argumente nicht überzeugt werden können, mit der jeweils anderen Streitpartei Frieden zu schließen und eine Lösung des Konfliktes anzustreben, besteht nur eine Möglichkeit, einen Konflikt aufzulösen:

Die Streitparteien müssen sich eine gemeinsame Geschichte des Streitgeschehens erarbeiten, eine Geschichte, in der alle Parteien eine Rolle spielen, in der sie sich wieder sehen können.

Es ist ein Irrglaube, mit sinnvollen Argumenten auf einen Menschen, der sich in einem tatsächlichen Konflikt befindet, einwirken zu können. Grund hierfür ist, dass rationale Argumente die Wahrnehmung, also das Fühlen und damit das Denken und Handeln nicht beeinflussen können. Jeder Mensch kennt das zwiespältige Gefühl, dass in einem Konflikt der wohlmeinende Rat eines Außenstehenden zwar unstreitig sinnvoll sein kann, aber dennoch die negativen Gefühle der anderen Streitpartei gegenüber nicht beeinflussen können und ein vermeintlich sinnvolles Handeln deshalb unmöglich ist. Gleiches gilt für Konflikte von Gruppen und Nationen.

Was muss also passieren, damit ein Konflikt überhaupt gelöst werden kann?

ERSTER SCHRITT: KONFRONTATION

Zunächst ist die Konfrontation der Streitparteien untereinander von essentieller Bedeutung.

Diese Konfrontation muss immer von den Parteien selbst ausgetragen werden, niemals durch Stellvertreter. Eltern können deshalb beispielsweise nicht mit anderen Eltern die Streitigkeiten, die ihre Kinder untereinander haben austragen oder gar befrieden. Ein Konflikt, der so ausgetragen wird, ist lediglich ein weiterer Konflikt der Elternpaare untereinander, der die Kinder instrumentalisiert.

Bei großem Kräfteungleichgewicht kann die Hinzuziehung einer Begleitperson, nicht aber eines Vertreters, sinnvoll sein.

Zu beachten ist immer, dass die andere Partei vor der Konfrontation von dieser Hinzuziehung informiert sein muss, um Gelegenheit zu haben ein eigenes Kräftedefizit ebenfalls auszugleichen.

Wird diese Regel der paritätischen Kräfteverteilung bei den Parteien eines Konfliktes nicht beachtet, führt jede Konfrontation immer zu einer weiteren Eskalation. Der Regelbruch wird als Provokation der anderen Seite empfunden werden. Diese Tatsache wird insbesondere im politischen Setting viel zu wenig beachtet.

Hinzuweisen ist hier auch auf die vorschnelle Hinzuziehung von Rechtsanwälten in einer Auseinandersetzung.

Sobald ein Rechtsanwalt mit der Interessenvertretung beauftragt wurde, versteht die andere Seite dies als Polarisierung und Verhärtung der Front und wird selbst einen Rechtsanwalt hinzuziehen.

Ob dies zu einer schnelleren Lösung des Konfliktes beitragen mag, ist erfahrungsgemäß zweifelhaft, insbesondere wenn keine Analyse des Konfliktgeschehens stattgefunden hat.

Wissen die Parteien nicht wie sie sich miteinander konfrontieren sollen, um einen noch größeren Schaden zu vermeiden oder dem Leidensdruck, den ein Konflikt verursacht, ein Ende zu bereiten, können sie sich an professionelle Streitvermittler (Mediatoren) wenden, die als Dritte stets neutral und allparteilich sind.

Mit Hilfe der Mediatoren gelingt es durch die Zuhilfenahme spezieller Kommunikationstechniken auch unter stark zerstrittenen Parteien, wieder eine Gesprächsebene zu etablieren und eine Lösung für einen Konflikt zu finden.

Die Konfrontation läuft so ab, dass die Parteien versuchen müssen, miteinander ein Gespräch zu führen.

Wenn ein allparteilicher Dritter (Mediator) anwesend ist, kann das Gespräch auch zunächst über diesen geführt werden. Wichtig ist hier, den Willen der Streitparteien zu respektieren und keinerlei Druck aufzubauen. Sollte eine direkte Konfrontation zunächst nicht möglich sein, kann über sogenannte Mittelsleute (Shuttle) gesprochen werden. Dies soll aber immer nur eine Vorstufe zu direkten Gesprächen der Streitparteien darstellen und den direkten Kommunikstionsweg anbahnen.

 Alle Seiten eines Konfliktes müssen die Gelegenheit bekommen, ihre Version des Konfliktgeschehens zu erzählen.

Wichtig ist hierbei, dass zuvor vereinbart wird, dass bestimmte Grenzen des Umgangs miteinander einzuhalten sind.

Selbstverständlich soll es nicht zu Gewalttätigkeiten kommen, dennoch ist ein gewisses Maß an Aggressivität zuzulassen, denn zumeist ist dies das authentische Gefühl der Parteien füreinander. Ebenso sind Gefühlsausbrüche wie lautes Sprechen, weinen bis hin zum Schluchzen zuzulassen.

Diese Gefühle leben zu können, ist ein wichtiger, ernst zu nehmender Teil der Geschichte einer Konfliktpartei mit der die andere Seite konfrontiert werden muss. Dies ist die nonverbale Kommunikation, deren Verständnis für die anderen Parteien von tragender Bedeutung für die Lösung eines Konfliktes ist und der Grund dafür, weshalb nur die Konfliktparteien selbst eine Lösung erarbeiten können und niemals etwaige Vertreter .

Erfolgt die Auseinandersetzung der Parteien in einem geschützten Rahmen unter Leitung des Ablaufes durch einen allparteilichen Mediator, der inhaltlich aber keinen Einfluss nehmen darf, wird irgendwann ein Höhepunkt des Konfliktablaufes erreicht werden.

ZWEITER SCHRITT: DER WEG AUF DEN GIPFEL DES KONFLIKTES

Hören die Parteien der jeweiligen Geschichte des Konfliktgeschehens des anderen zu, werden sie irgendwann Gesten oder verbale Reaktionen zeigen, die ein Verständnis für die andere Seite erkennen lassen. In diesem Augenblick ist der Gipfel des Konfliktes erreicht!

Wichtig ist es für den Mediator, diese Momente zu erkennen und die Partei, die sie geäußert hat, anzuhalten, das die Gesten oder Reaktionen begründende Gefühl zu verbalisieren.

Auch wenn diese Gesten oder Reaktionen noch so zart und unbedeutend erscheinen, sie sind die Durchbrechung des

Konfliktkreises und der Aufbruch der Konfliktspirale. Das sie begründende Gefühl ermöglicht, einen Schritt auf der Beziehungsebene, der die Parteien nicht mehr weiter auseinander, sondern wieder aufeinander zu bewegt.

Wird der Kommunikationsprozess nun fortgesetzt, indem es plötzlich möglich wird, das Konfliktgeschehen immer mehr aus der Perspektive des anderen zu betrachten und festzustellen, dass es durchaus eine andere Version der Geschichte geben kann, wird die Grundlage für die Lösung des Konfliktes gelegt.

Die Parteien haben nun die Aufgabe, eine gemeinsame Geschichte zu entwickeln, in der sie eine Rolle einnehmen, die sie selbst gewählt haben.

Diese gemeinsame Geschichte ist die Lösung des Konfliktes.

In einer Familienangelegenheit kann diese Geschichte beispielsweise lauten, dass die Ehepartner das Vermögen so aufteilen, dass jeder die Gegenstände erhält, die er wirklich haben möchte, weil er eine persönliche Beziehung dazu hat und nicht deshalb erstreitet, weil er annimmt, der andere möchte sie auch.

 Die Erkenntnis, dass der Schaden des anderen nicht der eigene Gewinn ist, sondern im Gegenteil, zumeist eine eigene Schädigung bedeutet ist hier von ganz entscheidender Bedeutung.

Gerade in persönlichen Beziehungsstreitigkeiten ist es wichtig, dass die Parteien die Wertschätzung für die Zeit, die sie miteinander verbracht haben, voreinander ausdrücken und so die Erkenntnis bekommen können, dass die menschliche Wertschätzung füreinander auch nach einer Trennung noch fortbestehen kann.

Die Aufteilung von materiellen Dingen, also die Entscheidung auf der Sachebene, ist nach solch einer Aussprache auf der Beziehungsebene dann nur noch Nebensache.

DER WEG ZUR LÖSUNG DES KONFLIKTES: VERLETZUNG VON BEDÜRFNISSEN

Auf der Sachebene des Konfliktes werden Positionen ausgetauscht, die von den Interessen der Parteien bestimmt werden.

Bei jedem Konflikt jedoch, bei dem die Beziehungsebene berührt ist, der also nicht durch die Aufteilung von Gütern gelöst werden kann, ergibt die Analyse des Konfliktgeschehens, dass eine Verletzung von Bedürfnissen des einzelnen Menschen oder einer Menschengruppe stattgefunden hat.

Eine mögliche Einteilung von Bedürfnissen des Menschen sind: Zugehörigkeit, Anerkennung, Sicherheit und Entwicklung der Individualität.

Eine weitere Differenzierung dieser Bedürfnisse ist möglich, doch als Oberbegriffe können diese vier Bedürfnisse genannt werden.

Wird eines dieser Bedürfnisse von einem anderen verletzt, fühlt sich der Mensch bedroht und befindet sich im Konflikt mit dem anderen.

Denn das Wesen aller Bedürfnisse ist, und dies ist ganz entscheidend, dass sie nicht teilbar und damit auch nicht verhandelbar sind.

Fühle ich mich von meinem Gegenüber nicht respektiert und führt dies zu einer Auseinandersetzung, liegt die Lösung nicht darin, dass er mich ein bisschen respektiert oder zu 30% respektiert. Ebenso kann ein Mensch sein Bedürfnis nach Sicherheit nicht verhandeln.

Haben Menschen keinen geschützten Raum, in dem sie leben können, fühlen sie sich in ihrem Sicherheitsbedürfnis bedroht. Sie sind in einem Konflikt mit all denjenigen, die sie in diesem Sicherheitsbedürfnis bedrohen.

Dies wird auf politischer Ebene zu wenig beachtet, weshalb in vielen Ländern der Erde die Konfliktspirale vielleicht nie enden wird. Solange sich ein Mensch nicht sicher fühlt, wird er kämpfen und Streitigkeiten und Kriege austragen.

Alle Menschen auf der Welt haben diese Bedürfnisse, unabhängig von ihrer Nationalität und Kultur, unabhängig von Alter, Hautfarbe und Geschlecht, unabhängig von ihrer sexuellen Orientierung und unabhängig von ihren Vermögensverhältnissen.

Findet also die Konfrontation der Parteien untereinander statt, ist es das Ziel, die jeweils andere Partei fühlen zu lassen, dass die andere von ihr in ihren Bedürfnissen bedroht ist.
Gelingt es, dieses Gefühl durch die Vermittlung ihrer Konfliktgeschichte zu wecken, werden die Streitenden feststellen, dass jede Partei, auch eine vermeintlich stärkere Partei, in mindestens einem ihrer Bedürfnisse verletzt wurde und diese Verletzung die Grundlage für die Entstehung des Konfliktes war. Es waren nicht, wie sich aus den unterschiedlichen Streiterzählungen der Parteien entnehmen ließe , die geäusserten unterschliedlich eingenommenen Streitpositionen, beispielsweise die Frage, ob ein Vertrag nun gültig ist oder nicht.

Es spielte keine Rolle, welche Rechtsordnung nun zur Anwendung käme.

Entscheidend war beispielsweise, dass sich die eine Partei von der anderen in ihrem Sicherheitsbedürfnis bedroht fühlte und die andere in ihrem Bedürfnis nach Anerkennung.

Bekommen die Parteien dann rechtzeitig die Möglichkeit, in einem Gespräch miteinander die jeweilige Bedrohung oder gar Verletzung ihrer Bedürfnisse zu erarbeiten, werden sie ohne Hinzuziehung eines Gerichtes eine Lösung hinsichtlich der Auslegung des Vertrages erarbeiten können, in der sich beide wieder sehen können und nicht mehr bedroht fühlen müssen. Diese bedürfnisorientierte Lösung wird ermöglichen, dass beide Parteien einen friedvollen Umgang miteinander etablieren können, der auch, dies ist ganz entscheidend, zukünftig für alle Beteiligten tragfähig ist.

Leitfaden für die Analyse eines Konfliktes:

Sollten Sie einen eigenen Konflikt analysieren wollen oder anderen, die in ein Konfliktgeschehen involviert sind zur Seite stehen, stellen Sie sich folgende Fragen:

1. Wer sind die Parteien des Konfliktes? Sind die Parteien Stellvertreter oder vertreten sie ihre eigenen Positionen?

2. Stimmen die Streitpositionen mit den tatsächlichen Interessen der Parteien überein oder wollen die Parteien etwas anderes, als sie dies in ihren Streitpositionen vertreten? Die Streitpositionen sind von den Interessen zu unterscheiden. Dies ist herauszuarbeiten.

4. Stimmt die verbale mit der nonverbalen Kommunikation überein? Was wird schriftsätzlich geäussert und wie ist das tatsächliche Verhalten? Sucht eine Partei den direkten Kontakt oder sind bereits Vertreter beauftragt?

5. Wie weit ist die Eskalation des Konfliktes fortgeschritten? Sprechen die Parteien noch miteinander oder ist die Hinzuziehung eines allparteilichen Dritten notwendig? Was sind die Anzeichen für die Stufe der Konflikteskalation? Finden Projektionen statt? Gibt es Anzeichen dafür, dass die Parteien nur noch durch das Streitgeschehen beherrscht sind?

6. Welches könnten die verletzten Bedürfnisse der Parteien sein?

Als Dritter, der in einem Konflikt vermitteln möchte werden Sie nur erfolgreich sein können, wenn Sie mit allen am Konflikt Beteiligten Empathie empfinden und jeder Konfliktgeschichte aktiv zuhören können. Es ist entscheidend, dass Sie nicht versuchen, die Geschichte des Konfliktgeschehens durch vermeintlich wohlmeinenden Rat zu unterbrechen und zu beeinflussen.

Und ganz entscheidend ist: Es dürfen keine Wertungen vorgenommen werden. Alles was eine Partei erzählt, ist wertneutral aufzunehmen und als Teil einer Konfliktgeschichte zu respektieren.

Die eine übergeordnete Wahrheit, nach der wir alle in unserem Leben suchen mögen und allzu gerne hoffen, andere könnten uns diese Wahrheit vermitteln, gibt es nicht.

Jeder Mensch hat seine eigene Wahrheit, seine eigene subjektive Sicht auf das Leben und alles was mit ihm und um ihn herum passiert. Wollen wir Konflikte lösen, müssen wir ein Konfliktgeschehen erzählen, in dem alle Parteien ihre subjektive Wahrheit wiederfinden können. Nur in diesen von den Konfliktparteien selbst erarbeiteten Geschichten kann eine tragfähige Lösung für eine gemeinsame Zukunft liegen.